QUI SERA

PRÉSIDENT?

SATIRE

PAR

M. AMÉDÉE BOUDIN.

Prix : 20 centimes.

PARIS.

AU DÉPOT : RUE DE CHOISEUL, 8,

ET CHEZ TOUS LES MAGASINS DE PITTORESQUES.

Décembre. — 1848.

QUI SERA

PRÉSIDENT ?

SATIRE

PAR

M. AMÉDÉE BOUDIN.

Prix : 20 centimes.

PARIS.

AU DÉPOT : RUE DE CHOISEUL, 8;

ET CHEZ TOUS LES MAGASINS DE PITTORESQUES.

Décembre. — 1848.

QUI SERA PRÉSIDENT?

Satire.

Qui sera Président? — parole palpitante,
Que, d'échos en échos, sous le chaume et la tente,
Sous les lambris dorés d'où s'enfuit le sommeil,
Et dans l'humble mansarde où le pâle soleil
Du pauvre ne vient plus alléger la souffrance,
Jette à l'autre moitié la moitié de la France !
Qui sera Président? — Cri d'effroi pour les uns,
Que dans les carrefours exploitent les tribuns !
Mais pour d'autres aussi cri d'amour, d'espérance !
Et partout cri de guerre ou cri de délivrance !
On dirait qu'instruments des colères de Dieu,
Neuf cents législateurs ont, en lettres de feu,
Tracé sur tous nos murs ces trois mots redoutables,
Comme pour réveiller des haines implacables !

Que d'orages futurs dans ce vote imprudent,
Qui nous vient imposer le choix d'un Président !
De l'urne électorale, où couvent les tempêtes,
Que de maux surgiront, prédits par les prophètes !
Contemplez l'avenir et tremblez, insensés !
Tremblez ! car les partis, menaçants, menacés,
Pour la lutte nouvelle aiguisent leur courage ;
Et vainqueurs et vaincus maudiront votre ouvrage !
Car peut-être avez-vous, dans un pli de la loi,
A votre insu, caché le fantôme d'un roi !

France des temps passés, ô France ! pauvre France !
Je me dis, en voyant ces jours d'intolérance :
Où sont donc les splendeurs de tes jours triomphants ?
Ont-ils dégénéré, tes superbes enfants,
Dont l'éclatante gloire illumina le monde !
Qu'en invoquant ainsi la liberté féconde,
Ils osent diriger, sacrilége éternel,
Et la flamme et le fer sur le sein maternel !
Divisés par l'Erreur, esclaves du Sophisme,
De fange ils ont souillé le manteau du Civisme,
Et tous, l'orgueil au front, prêchent l'Egalité,
Hurlant, la haine au cœur, le mot : Fraternité !

Nos tribuns l'ont voulu ! le péril nous menace ;
Partout il nous étreint, partout il est vivace !
Comme, par des bruits sourds, s'annonce l'ouragan,
Comme, avant d'éclater, gronde au loin le volcan,
Sous nos pas le sol tremble, et l'éclair de la haine
Présage les fureurs de la famille humaine !
Quel mortel, investi d'une puissance à bail,
Du vaisseau de l'Etat prendra le gouvernail ?

Qui sera Président ? — Pour sauver la patrie,
Il faudrait un grand cœur, il faudrait un génie,
Une âme généreuse, un élu du Seigneur,
Qui fût du genre humain la gloire et le bonheur !
Devons-nous, Dieu le sait, dans l'immense Suffrage,
Trouver enfin le port, ou trouver le naufrage ?
Candidats, qui venez, pleins d'un superbe orgueil,
Du vote universel braver le rude écueil,
Quels sont vos droits acquis aux grandes sympathies,
Vos titres, vos vertus ? ces fortes garanties
Qu'on emprunte au passé de tout homme de bien,
Qui se croit d'un pays le premier citoyen ?
Répondez, candidats ! voici l'heure suprême,
Où du Peuple un de vous recevra le baptême !
La France vous écoute en juge impartial.
Comparais, Lamartine, à son fier tribunal !

LAMARTINE.

Poète, — du Seigneur j'ai chanté les louanges,
Les mystères de l'âme, et les Cieux et les Anges,
Le charme de l'amour, ses tendresses, ses pleurs,
La mer aux flots d'azur, le soleil et les fleurs,
Le printemps et l'automne et ses feuilles jaunies ;
Ma lyre a soupiré de douces *Harmonies !*

Orateur, — j'ai prédit l'ère de Charité,
Et voulu vers le bien guider l'humanité !
Ma superbe éloquence, aussi pure que l'onde,
Comme un levier puissant a remué le monde !
Le drapeau tricolore, à ma voix accepté,
Flotte sur les palais de l'antique cité !

J'ai flétri du stygmate une lâche coutume,
Et, du grand code humain rayant d'un trait de plume
La sentence de mort qui frappait les vaincus,
Conseillé la clémence aux esprits convaincus !
Sous l'empire béni de nos lois tutélaires,
J'ai contenu parfois d'imprudentes colères ;
Et, fort de ma vertu, pour notre Liberté,
J'ai joué, calme et fier, ma popularité !

Homme d'Etat, — enfin, j'ai dans ma politique,
Transporté de mon cœur le rêve poétique.
Jugeant, pauvre insensé ! que sur des sentiments
Reposait le bonheur de tous gouvernements.
Des temps de paix voici que l'aurore se lève,
Où, pour vaincre, l'Idée a remplacé le glaive !
Vers ce but glorieux mes efforts ont tendu ;
Mon vœu, de l'univers sera-t-il entendu !
Ces rêves, ces désirs, qu'en vain l'on calomnie,
De mes nuits ont parfois prolongé l'insomnie ;
Mais un jour, — jour prochain ! — un jour, la vérité
Jettera dans les cœurs sa soudaine clarté !

LA FRANCE.

O poète ! ô rêveur aux croyances naïves !
Tout vaisseau doit sombrer quand il fuit les deux rives ;
Qui ne sait aborder ne voit jamais le port ;
Ce fut là ton histoire et ce fut là ton sort !
Pour gouverner un peuple et maîtriser les haines,
Il faut, dans ses deux mains, en ramassant les rênes,
Pousser avec vigueur son char dans le sentier.
Tu ne fus pas créé pour ce rude métier.

Où s'égare ton cœur ? La gloire t'environne !
A ton front si l'on voit une double couronne,
Il faut mieux qu'un rêveur pour faire un magistrat,
Et régler sagement les destins d'un Etat.

Debout ! Ledru-Rollin, debout devant ton juge !

LEDRU-ROLLIN.

France, sans essayer d'un lâche subterfuge,
Voici ce que *je veux*, — d'où *je sors*, — où *je vais*, —
Ce que *je suis*, enfin ! tout détour est mauvais.

Je veux ce qu'on flétrit de République rouge !
Avant que du sentier la Société ne bouge,
Les ans, longtemps encor, grossiront le passé,
Si l'édifice n'est d'un seul coup renversé !
Je sors des rangs du peuple ; — on le sait, mon grand-père
Que l'on nommait *Comus*, fort habile compère,
Dans sa besace avait cent tours de gobelet (1),
Sur mon berceau sa gloire a jeté son reflet !
J'ai, — de par ma roture, — horreur de la Noblesse ;
Dans ma haine est ma force, ou, dit-on, ma faiblesse.

Je vais où l'on rencontre et fortune et splendeurs,
Plaisirs et voluptés, et puissance et grandeurs !
Robespierre est mon Dieu ; Barras est mon modèle !
Et de la Liberté la puissante mamelle
M'a nourri de son lait le plus blanc, le plus pur.
L'orage a rembruni mon horizon d'azur ;

(1) M. Ledru-Rollin est, en effet, le petit-fils du célèbre prestidigitateur Comus.

J'accepte le défi ! car la foi m'accompagne ;
France ! redoute en moi le chef de la Montagne !

LA FRANCE.

J'aime de tes discours l'arrogante fierté ;
J'aime à te voir drapé dans cette majesté !
J'admire ce regard étincelant d'audace ,
Cette lèvre de feu d'où jaillit la menace ;
Cette large poitrine aux sonores accents,
Ce bras herculéen aux gestes si puissants ;
Cette haute stature et cette tête altière,
Comme, pour me braver, rejetée en arrière !
S'il fallait un lutteur, s'il fallait un Titan
Pour arrêter l'éclat des laves du volcan,
Ton nom réunirait toutes mes sympathies.
Mais le temps est venu des grandes amnisties.
Ta sombre politique, hélas ! est la Terreur,
Fille de l'échafaud ! et le sang fait horreur !
Dieu prouve, en m'inspirant, qu'il m'aime et me protège.
A ta suite je vois défiler ton cortège :
Blanqui, Barbès, Huber, Albert et Sobrier,
Laviron et Chancel, Flotte le cuisinier,
Large, Quentin, Degré, Villain et Caussidière,
Héros du *Quinze Mai*, qui, rompant en visière,
Se partageaient entre eux les pouvoirs de l'État,
Avec un sans-façon digne de l'attentat !
Ton nom a paraphé ces folles circulaires
Dont l'amer souvenir réveille les colères ;
Ton nom rappelle encor ce bulletin fameux
Qu'enfanta Georges Sand, dans un accès fiévreux,

A la lueur du punch, en fumant son cigarre,
— De l'immoralité comme un défi barbare!
Qui veut intimider n'inspire point d'amour.
La tempête ternit l'éclat du plus beau jour.
Tes dignes proconsuls au geste fanatique
Ont mal inauguré la jeune République!
Va! ton instinct est sûr; ton ciel est rembruni;
Subis l'arrêt fatal, car ton règne est fini.

RASPAIL.

Du fond de mon cachot, entends ma voix, ô France!

LA FRANCE.

Quel vertige à ton front fit germer l'espérance?
O Raspail! — *Tu quoque!* — Le plaisant candidat!
Un chimiste, un savant! pour gouverner l'État!
Où puises-tu tes droits à cet honneur insigne?
Cherche dans ton passé le titre le plus digne.
Avoir, — rebelle aux lois, — donné pour horizon
Longtemps à tes regards les murs d'une prison;
Avoir inauguré l'ère républicaine,
En te courbant encor sous le poids d'une chaîne;
Ce sont là tes hauts faits! J'admire ta candeur
Et m'incline humblement devant tant de grandeur!
En toi vient s'incarner l'ardent Socialisme,
Cause et signal, un jour, d'un affreux cataclysme!
Cabet le communiste, et Proudhon, Louis Blanc,
Thoré, Pierre Leroux, Victor Considérant,
Ces rêveurs dangereux, s'ils ne sont pas impies,
Par toi voudraient tenter leurs folles utopies,

Dont le bon sens public a déjà fait raison !
Mais égarer le peuple est une trahison !
De lèse-humanité c'est là commettre un crime ;
Sans le pouvoir combler, c'est creuser un abîme !
Tout progrès social n'est que l'œuvre du temps.
Depuis qu'il est créé, le monde offre deux camps :
Les PAUVRES, — les HEUREUX ! — Que faut-il en conclure ?
L'égalité jamais ne fut dans la nature !

Ce n'est pas l'homme heureux que l'on doit appauvrir ;
Son rôle est celui-ci : *consoler, secourir !*
Du pauvre efforçons-nous d'effacer les souffrances ;
Pour lui, — réaliser de douces espérances,
Par la saine morale et la religion
Créer à son esprit une autre région,
Alléger ses impôts, régler mieux son salaire,
A sa vieillesse ouvrir un abri tutélaire ;
Voilà les vrais devoirs de la fraternité,
Selon la loi du Christ ! voilà l'égalité !

S'il n'est que l'opposé d'*individualisme,*
Je comprends, j'aime alors le mot *socialisme* !
Mais il n'est qu'un moyen pour tous les charlatans,
Un but spéculatif pour tous les mécontens !

Retourne à tes procès, au *camphre en cigarettes,*
A ton *eau sédative,* à tes cures secrètes ;
Tu n'es pas mon Élu ! ...
                        — Que veux-tu, Cavaignac ?

CAVAIGNAC.

Je veux la Présidence.

LA FRANCE.

Un Président en *gnac?*
Cela sent le gascon, si ce n'est pis encore !
Gascon,—pour synonyme,—a, je crois, *Malamore.*

CAVAIGNAC.

Des honneurs, du pouvoir, France, je suis épris,
J'en ai soif ! —Je serai, je veux être à tout prix
Le premier Président de notre République.

LA FRANCE.

Tout doux ! mon Dictateur.

CAVAIGNAC.

—J'ai servi dans l'Afrique,
Et servi bravement ! consulte mes états.
Mes grades, je les dois au destin des combats ;
Et, sans plus rehausser ma gloire d'Algérie,
Ma victoire de *Juin* a sauvé la patrie !
Quel plus illustre fait, quel plus beau précédent,
Puis-je t'offrir encor, — pour être Président ?
Me faut-il invoquer et le nom de mon père,
Mon orgueil entre tous, — et le nom de mon frère,
Le vaillant écrivain ? de ce fier Godefroy,
Qui fut des royautés l'adversaire et l'effroi !

LA FRANCE.

Silence ! maintenant... — Par ceux que tu révères !
De mon cœur jailliront des vérités sévères,

Qu'à dessein, jusqu'ici, ma justice ajourna;
Et ton juge te dit, comme Auguste à Cinna :
Prends un siége, d'abord, *prends, et sur toute chose,*
Observe exactement la loi que je t'impose.

Tout parti politique a, — pour le diriger, —
Une tête qui pense, — un bras pour le danger.
Du parti, — dont Marrast devint l'âme et la tête, —
Tu fus le bras! — l'épée à frapper toujours prête !
Le bourreau n'est des lois que l'aveugle instrument.
Quand Philippe, — vaincu sans combat, — lâchement
Aux vainqueurs étonnés eut cédé la partie,
On lui vit succéder une autre DYNASTIE
De moins noble origine, avec ses partisans,
Héros de la curée ! — et qui, vils courtisans,
Comme en a tout pouvoir, — quelle qu'en soit la forme !
Se gorgèrent aux cris de : VIVE LA RÉFORME ! ! !

A Marrast il fallait un fantôme de nom,
Un gérant responsable — ayant quelque renom,
Une arme à deux tranchants, une habile doublure,
Un Raton politique, — une caricature
De Bonaparte ! — alors que, ferme comme un roc,
Et mitraillant l'Emeute aux marches de Saint-Roch,
Le vainqueur de Lodi payait de sa personne !

De cet os à ronger on te jeta l'aumône;
Mais l'os était friand ! — Tu vins, — premier honneur !
Remplacer en Afrique un prince-gouverneur;
Et bientôt rappelé, — toi, le soldat vulgaire,
Un décret te nomma ministre de la guerre,

Quoique ton front, penché dans un humble maintien,
Sans honte eût salué le bonnet phrygien !
Un pas de plus encore, et, de la Dictature
Le héros d'un *Journal*, prenant l'investiture,
De cadavre en cadavre arrive au premier rang,
Et reçoit, du triomphe, un baptême de sang !
Mais sur le piédestal, où l'éleva la ruse,
Tout mortel sans génie et se révèle et s'use ;
Car, si tu ne fus pas traître à l'Humanité,
La victoire te vit traître à la Liberté !
De Godefroy, ton frère, ah ! n'évoque pas l'ombre !
Ton regard,—s'il vivait,—fuirait son regard sombre ;
Il défendit, vaincu, — de la plume et du cœur,—
Ces principes sacrés que tu frappes, —vainqueur !
Ton amour filial est au moins inhabile ;
Ton père promena l'échafaud par la ville !
Depuis cinq mois, enfin, qu'as-tu fait, dictateur ?
Partout de l'arbitraire, — en administrateur,
Jaloux d'inaugurer le régime du sabre.
Tel un coursier fougueux qui sous la main se cabre,
Ton esprit sans souplesse à la *Majorité*
Veut imposer la loi de la *Minorité* ;
Vain espoir ! la lumière a dissipé le songe ;
De ta gloire on connaît le sinistre mensonge !
Si de lâches tribuns, muselés par la peur,
Ont absous ton passé par un vote trompeur,
Ne sois point ébloui de ta pâle auréole...
La Roche tarpéienne est près du Capitole ! !
Et le peuple jamais, — plus abusé qu'ingrat, —
N'aura pour Président un page de Murat !
Arrière ! dictateur, — arrière donc ! — fais place
Au noble concurrent qui dans l'ombre s'efface ;

Au neveu du grand homme, à qui, pour t'égarer,
Un sot panégyriste ose te comparer !

LOUIS BONAPARTE.

Pour moi sois indulgente, ô France ! chère France !
J'ai vécu dans l'exil et connu la souffrance.
D'un nom, grand entre tous, je porte le fardeau ;
Ce nom, quand le cadavre est au fond du tombeau ,
Couronne encor ton front d'une gloire infinie ,
Symbole de grandeur, de force et de génie !
Je viens sous son égide, et le cœur oppressé,
Modestement t'offrir un modeste passé.
De la prison , huit ans , la sombre solitude
Du moins m'a fait goûter le charme de l'étude.
Du pauvre j'ai tracé les peines, les besoins :
Chercher à les calmer fut l'objet de mes soins.
Loin du rivage aimé de la mère-patrie,
Notre histoire inspirait à mon âme flétrie
Du bonheur, de l'orgueil et de vagues désirs ,
Ignorant qu'à dessein Dieu guidait mes loisirs !
Mais du conspirateur je n'ai pas l'énergie,
Et mes yeux ont horreur de la sanglante orgie ;
Car, le succès, deux fois échappé de mes mains ,
M'eût élevé bien haut entre tous les humains !

LA FRANCE.

Dieu, fixant pour ta vie une époque meilleure,
Dans le livre éternel avait retardé l'heure,
Où, par l'adversité ton esprit conseillé,
En ayant tout appris n'aurait rien oublié !

Devais-tu saluer, au sein de la tempête ,
Le ciel de la patrie ? et, fruit de la conquête,
Ressaisir en tyran la couronne des rois ?
L'amour d'un peuple entier, le plus noble des droits
Est venu t'arracher à la rive étrangère.
Toute peine passée à l'âme est bien légère !
La jeune République enfin trouve un soutien
Dans le proscrit d'hier ! — son bonheur est le tien !
La gloire d'un grand nom est ton abri suprême ;
Promets, pour mériter un immortel baptême,
De montrer l'héroïsme et la haute vertu
D'un nouveau Washington ! — Tu seras mon ÉLU !!

IMPRIMERIE DE MADAME DE LAGOMBE, rue d'Enghien, 12.

Imp. de Mme DE LACOMBE, rue d'Enghien, 12